해탈로 가는 배

오디오북 **옹달샘**
BBS 불교방송 5분 명상

해탈로 가는 배

묘원

행복한 숲

머리글

해탈은 행복입니다. 그래서 모든 번뇌에서 벗어난 자유입니다. 해탈은 열반의 성취입니다. 열반은 최고의 선으로, 언어로 표현할 수 없는 언어 건너편에 있는 초세속적인 정신상태입니다. 열반은 오직 직관에 의해 대상을 있는 그대로 볼 때만 이르는 경지이며 괴로움이 없고 나고 죽음이 없으며 원인과 결과가 끊어진 자리입니다.

해탈에 이르기 위해서는 반드시 해탈로 가는 배를 타야합니다. 이것이 사성제 중에서 도성제입니다. 네 가지 성스러운 진리는 붓다에 의해 발견되었습니다. 그리고 붓다께서는 자신이 직접 체험한 이 길로 오라고 말씀하셨습니다. 여기서 직접 체험했다는 사실이 중요합니다. 그러므로 어떤 가설이 아니라 실재하는 진리입니다.

사성제는 네 가지 성스러운 진리와 성인이 되어야 비로소 체험할 수 있는 진리를 말합니다. 사성제는 괴로움이 있다는 성스러운 진리, 괴로움의 원인이 집착이라는 진리, 괴로움이 소멸한다는 진리, 괴로움의 소멸에 이르는 길이라는 진리입니다. 사성제는 열반으로 가는 단 하나의 유일한 길입니다.

사성제는 일어나는 연기와 소멸하는 연기를 포함합니다. 고성제와 집성제는 일어나는 연기라서 윤회를 계속합니다. 멸성제와 도성제는 소멸하는 연기라서 윤회가 끝납니다.

세속에서는 고성제와 집성제 밖에 없지만 출세간에서는 멸성
제와 도성제가 있어서 윤회를 끊고 해탈의 문으로 갑니다. 붓
다께서는 멸성제와 도성제를 찾아내시어 붓다가 되셨습니다.

멸성제는 열반이며 도성제는 팔정도입니다. 도성제에 의해
멸성제에 이릅니다. 도성제인 팔정도는 해탈로 가는 바른 길
이며 이것을 계정혜라고 합니다. 도성제인 팔정도는 중도이
며 위빠사나 수행이라고도 합니다. 팔정도는 도덕적 품성을
퇴보시키는 감각적 욕망과 지성을 나약하게 하는 극단적 고
행에서 벗어나게 합니다.

팔정도의 지혜는 정견과 정사유가 있습니다. 정견은 사성
제의 진리를 아는 것이며 정사유는 욕심을 버리고 자애와 연
민의 정을 갖는 올바른 마음입니다. 계율은 정어와 정업과
정명이 있습니다. 정어는 거짓말, 비방, 거친 말, 경솔한 말을
하지 않는 것입니다. 정업은 살생, 도둑질, 간음을 하지 않는
것입니다. 정명은 무기, 인간거래, 도살 업을 하지 않는 것입
니다. 집중은 정정진, 정념, 정정이 있습니다. 정정진은 바른
노력입니다. 정념은 바른 알아차림입니다. 정정은 바른 집중
입니다.

이 해탈로 가는 배를 타고 열반이라는 저 언덕에 이르시기
를 기원합니다.

묘원 합장

차례

트랙 1

괴로움의 원인

좋아하는 마음이 일어난 순간부터
이미 괴로움이 시작된다.

좋아하는 마음이 결국에는
감각적 욕망의 노예가 되기 때문이다.

처음에는 사소한 것을 좋아하면서 시작된 욕망은
차츰 더 큰 욕망으로 커진다.

그래서 사실상 좋아하는 순간부터
이미 괴로움이 시작된다.

좋아하면 반드시 좋아하는 것을 집착하여
감각적 쾌락을 추구한다.

그 결과로 업을 생성하여
감각적 쾌락에 대한 과보를 받는다.

좋은 것이 당장은 즐겁지만
그 과보가 미치는 영향은 길다.

지금이후부터 다음 생에 이르기까지
얼마나 나쁜 과보가 계속될지 누구도 모른다.

좋아하면 알아차림을 놓쳐 더 좋은 것을 바라기 때문에
좋지 않을 때는 괴로움이 따른다.

좋아하는 것을 집착하면
그 세계를 벗어나려 하지 않아서 나쁜 결과가 생긴다.

그러므로 괴로움의 원인은
괴로움이 아니고 좋아하는 것이다.

세속에서는 알아차림이 없어
좋아하는 것이 제어가 되지 않는다.

출세간에서는 알아차림이 있어
좋아하는 것이 제어가 된다.

수행자가 알아차림을 놓쳐서 좋아했더라도
'지금 좋아 하고 있네' 하고 알아차려야 한다.

사람을 보지 마라

괴로울 때 괴로움을 주는 사람을 보지 마라.

상대로 인해 괴로워하는
자신의 마음을 알아차려야 한다.

괴로움을 주는 사람을 보면
미워하는 대상이 생겨서 결코 미움에서 벗어날 수 없다.

마음이 밖으로 나가면 미워하거나 좋아한다.
그러면 대상을 있는 그대로 볼 수가 없다.

마음이 밖으로 나가지 않고
괴로워하는 자신의 마음을 보면
미워할 사람이 사라져 쉽게 안정을 찾을 수 있다.

알아차릴 대상이 상대에서 자신의 마음으로 바뀌면
미움이 소멸되어 번뇌에서 벗어난다.

그래서 사람을 보지 말고
사람을 보는 자신의 마음을 알아차려야 한다.

괴로운 마음을 알아차린 뒤에
괴로움으로 인해서 생긴 가슴의 느낌을 알아차린다.

가슴에 있는 느낌은
없애기 위해서 알아차리는 것이 아니다.

다만 괴로움이 남긴 결과를 알아차리는 것이다.
이때는 미운 상대가 사라지고 오직 자신의 느낌만 남는다.

괴로움을 피하려고 하지 마라.
갈애가 있는 한 괴로움은 항상 있다.

오히려 괴로움이 있는 것을 알아차려서
괴로움이 얼마나 힘든 것인지 알아야 한다.

이런 확인을 거듭하면
괴롭지 않기 위해서 괴로움의 원인을 만들지 않는다.

연기와 윤회

연기는 원인에 의해 일어난 결과다.

앞선 원인에 의존하여
뒤에 결과가 일어나는 것이 연기다.

이때 원인은 연기고
결과는 연생이다.

과거의 무명과 행으로 인해 현생의 몸과 마음이 생기면
감각기관이 생기고, 다시 감각대상과 접촉한다.

이때 느낌이 일어난다.
이 느낌으로 인해 갈애가 일어난다.

갈애가 일어나면 집착을 하고,
집착을 하면 업을 생성하여 연기가 회전해서 윤회를 한다.

윤회를 하면
다시 태어나고 늙어서 죽는 과정이 온다.

이렇게 원인과 결과로 되풀이 되는 것이 연기다.
이러한 연기를 윤회라고 한다.

윤회는 무명으로 인해
갈애가 일어나므로 계속된다.

세간에서는
느낌이 일어날 때마다 갈애가 일어나 윤회를 한다.

출세간에서는 느낌이 일어날 때마다 갈애가 일어나지 않고
지혜가 일어나서 윤회를 하지 않는다.

그래서 깨달음은 느낌과 갈애 사이에서 일어난다.

지혜가 나면 느낌에서 갈애를 일으키지 않아
연기를 회전시키지 않는다. 그래서 윤회가 끝난다.

그러나 무지하면 느낌에서 갈애를 일으켜 연기를 회전시킨다.
그래서 윤회를 계속한다.

서로의 이익

상대의 잘못을 미워하지 말고 연민의 정을 가져라.
상대의 잘못은 그가 몰라서 그런 것이다.

몰라서 그렇게 행동하는 상대를 미워하는 것은
관용이 없는 행위다.

관용이 없으면 계율을 지키지 않고
수행을 하지 않는 것이다.

몰라서 그렇게 행동한 상대를 미워하는 것은
나도 모르기 때문에 그렇다.

상대를 미워하는 것은
내가 상대와 똑같은 행동을 하는 것이다.

상대가 모른다고
나까지 몰라서는 안 된다.

상대가 몰라서 한 일을 내가 미워한다면
공연히 상대의 과보를 떠맡아서 불필요한 짐을 진다.

잘못한 상대를 받아들이면 선한 마음이 생겨
관용과 자애와 지혜가 생긴다.

상대를 이해하는 마음은
제일 먼저 자신에게 이익을 준다.

이처럼 선한 마음은 자신에게 이익을 줄뿐만 아니라
상대에게도 이익을 준다.

상대를 받아들이지 못하면 나에게도 이익이 없으며
상대에게도 이익을 주지 못한다.

그러므로 자신의 이익은 상대에게 있는 것이 아니고
자신이 만드는 것이다.

자신의 이익을 얻는 것과 함께
상대에게도 이로움을 주는 것이 가장 값진 이익이다.

이익과 손실

이익에는 항상 손실이 따른다.
그래서 영원한 이익은 없다.

이익을 얻으면 더 많은 이익을 얻으려는 욕망이 생겨
현실을 바로 보지 못한다.

그래서 사물에 대한 판단력이 흐려진다.

또 이익을 얻으면 자기만족에 빠져 노력을 하지 않는다.
그러므로 이익은 손실로 가는 하나의 과정이다.

손실에는 항상 이익이 따른다.
그래서 영원한 손실은 없다.

모름지기 손실이 없는 이익은
진정한 이익이 아니다.

손실은 손실로 그치지 않고
현실을 바르게 보는 자각이 일어난다.

그래서 손실을 통해 지혜를 얻는다.
그러므로 손실은 이익을 얻기 위한 하나의 과정이다.

이익을 얻었을 때 이익에 자만하지 말고
손실을 겪었을 때 손실에 괴로워하지 말아야 한다.

이익과 손실은 항상 양면의 요소가 있다.
이익이었나 싶으면 손실을 입고,
손실이었나 싶으면 이익을 얻는다.

그러므로 이익과 손실은 모두 하나의 과정일 뿐이다.

이익과 손실의 실재를 아는 것이 지혜다.
진정한 이익은 바른 마음을 가져 지혜를 얻는 것이다.

정신적 이익을 위해서는
물질적 손실을 두려워해서는 안 된다.

물질적 이익을 집착하면
정신이 황폐해져 더 큰 손실을 본다.

무지와 지혜

무지는 보이는 것을 보지 못하게 하며
들리는 것을 들리지 않게 한다.

무지는 알려는 것을 모르게 하며
바르지 못한 것을 계속하게 한다.

무지가 있는 한 어둠과 고통에서 벗어나지 못하고
스스로를 더욱 속박한다.

무지가 있는 한 윤회에서 벗어날 수 없어
무지보다 더 큰 잘못은 없다.

지혜가 없는 것이 무지다.

변하는 것을 변하지 않는 것으로 아는 것이 무지며
괴로움을 즐거움으로 아는 것이 무지고
자아가 없는 것을 자아가 있다고 아는 것이 무지다.

무지는 모르기 때문에 집착을 끊지 못한다.
무지의 뒤에는 항상 내가 있다고 하는 사견이 있다.

지혜는 보이지 않는 것을 보게 하며
들리지 않는 것을 듣게 한다.

지혜는 모르는 것을 알게 하며
바르게 알아 잘못된 것을 끊는다.

지혜는 어둠에서 밝음을, 무지에서 앎을,
고통에서 해방을, 속박에서 자유를 준다.

오직 지혜로써만
윤회의 사슬을 끊을 수 있다.

무지가 없는 것이 지혜다.

모든 것이 변한다고 아는 것이 지혜며
사는 것이 불만족이라고 아는 것이 지혜고
무아를 아는 것이 지혜다.

지혜의 뒤에는 내가 없다고 아는 정견이 있다.

관용

관용은 대상을 받아들이는 것이다.

관용은 좋은 것이나 싫은 것이나
상관없이 모두 받아들인다.

모든 것이 일어날 만해서 일어난 것으로 이해해야
있는 그대로 받아들일 수 있다.

관용이 있어야
자애가 일어나며 지혜가 생긴다.

수행자는 자신과 무관한 일에 대해서도
관대해야 하겠지만,

자신의 이익과 직결된 일에 대해서도
똑같이 관대해야 한다.

남의 일에 대해서는 관대하고
자신의 일에 대해서는 관대하지 못하다면
완전한 관용이라고 말할 수 없다.

관용이 있는 자리에는 탐욕이 없고
탐욕이 있는 자리에는 관용이 없다.

관용은 선한 마음이고
탐욕은 선하지 못한 마음이다.

받아들이는 마음에는 반드시 베푸는 마음이 따른다.
그래서 관용과 보시는 같은 마음이다.

받아들여서 몸과 마음이 편안해지므로
자연스럽게 주고 싶은 마음이 일어난다.

그래서 관용은 선한 덕목의 으뜸이다.

받아들이기 위해서는 원인과 결과를 알아
모든 것이 생길 수밖에 없는 현실을 알아야 한다.

이렇게 알아차리면
지혜가 생겨 모든 일에 걸림이 없다.

누가 동지인가?

모두 저마다의 이익을 위해서
모임을 만들고 그 힘을 과시한다.

그러나 이익이 없으면
모임을 결속하는 힘이 사라진다.

자신만을 위한 이익인지
아니면 타인의 이익까지 배려하는지에 따라서
구성원의 성격이 다르다.

오직 자신의 이익을 추구하는 사람은
동지라고 할 수 없다.

같은 뜻을 가졌다고 해서 모두 동지가 아니다.
같은 뜻을 가졌어도 바르지 못한 행동을 하면 동지가 아니다.

다른 뜻을 가졌더라도 정신이 바르면 동지다.
오직 자신의 이익을 위해서 뜻을 같이한다면
그 가치를 높게 평가할 수 없으며 동지가 아니다.

같은 종교, 같은 지역, 같은 성씨,
같은 동호인이라고 해서 모두 동지가 아니다.

이것들은 모두 관념일 뿐이지
바른 정신으로 모인 것이 아니다.

그럼에도 사람들은 무리를 만들고
이것을 근거로 힘을 과시한다.

수행자는 이러한 세속적인 것으로부터
이익을 얻으려고 해서는 안 된다.

인종이 다르고 종교가 다르고
문화가 다르고 신분이 다르더라도
고귀한 정신을 가진 사람이 진정한 동지다.

항상 자신의 이익과 함께
상대의 이익을 배려하는 사람이 진정한 동지다.

교육

교육은 바른 것을 가르쳐서 육성하는 것이다.
교육이라는 이름으로 잘못된 것을 가르쳐서는 안 된다.

교육을 한다고
자기 성향대로 한다면 잘못을 키우는 것이다.

먼저 가르치는 자가 욕심을 부리거나
화를 내서는 안 된다. 잘못하면 욕망과 화를 가르친다.

교육은 자애로운 마음으로 해야 하며
자신의 감정을 개입시키지 않고 객관성을 유지해야 한다.

그러기 위해서는 교육이 일방적이어서는 안 된다.
부족하면 채워주고 넘치면 빼주어야 한다.

그리고 기다릴 줄 알아야 한다.
언제나 벌을 주는 것보다 칭찬을 우선해야 한다.

바른 교육은 대안을 제시하여
스스로 선택하도록 하는 것이다.

그리고 자신이 한 일에
책임을 지게 하는 것이다.

교육은 씨를 뿌리고 가꾸어서 결실을 맺는
일련의 과정이 필요하다.

교육의 효과를
즉각 기대하는 것은 욕망이다.

교육은 반복학습이다.
그래서 동일한 것을 거듭 반복해야 한다.

교육이 지식을 전하는 것에 그치지 않고
지혜를 얻도록 하기 위해서는
먼저 교육자의 자기성찰이 필요하다.

그러므로 남에게 교육을 하기에 앞서
스스로에 대한 교육이 앞서야 한다.

여기에는 부모나 스승이나 예외가 없다.

무명과 갈애

인간을 태어나게 하는 마음은 무명이며
무명을 지속시키는 힘이 갈애다.

무명은 모르는 마음이고
갈애는 바라는 마음이다.

과거에 모르기 때문에
선하지 못한 행위를 하여 현재의 결과가 생겼다.

현재에는 갈애 때문에 집착을 해서
불선행위를 하여 미래의 결과가 생긴다.

누구나 과거에는 무명을 우두머리로 살았고
현재에는 갈애를 동반자로 산다.

그래서 인간은 무명에 이끌리고
갈애에 내몰리면서 산다.

바로 무명과 갈애가 강물처럼 흘러가서
태어나고 죽는 것을 거듭한다.

그래서 삶은
모르는 것과 바라는 것의 힘으로 움직인다.

위빠사나 수행의 알아차림이 있으면
무명이 지혜로 바뀌고 갈애가 관용으로 바뀐다.

그래서 어리석음과 탐욕의
거친 물살을 거슬러 올라간다.

세속의 거친 물살에 떠밀려서 살면
괴로움뿐인 태어남과 죽음을 반복해야 한다.

그래서 무수한
이별의 눈물을 흘려야 한다.

무명이 지혜로 바뀌면
모든 것이 원인이 있어서 생긴 결과라는 것을 안다.

그리고 내가 없음을 알아 집착할 것이 없다.
집착할 것이 없을 때만이 진정한 평화와 행복을 얻는다.

자신의 일과 남의 일

남이 잘못한 일로 인해 속상해 하지 마라.
잘못한 것은 상대고 나는 내 일을 하면 된다.

자신의 일과 남의 일을
구별하지 못하기 때문에 괴로움을 겪는다.

설령 남이 잘못해서 내가 피해를 입었다고 해도
있는 그대로 알아차리면 피해는 단지 알아차릴 대상일 뿐이다.

사실은 나도 잘못하는 일이 많다.

그런데 누구나 나의 허물은 보지 못하고 남의 허물만
보기 마련이므로 먼저 자신을 알아차려야 한다.

나를 보지 않고 남을 보면
매사를 옳고 그른 것으로만 본다.

그래서 자신의 몸과 마음을 알아차리는 수행을 해야
이런 허물이 생기지 않는다.

남이 잘못한 일로 속상한 것은
남의 잘못에 문제가 있는 것이 아니다.

자기가 바라는 대로
되지 않기 때문에 속상한 것이다.

겉으로는 남을 위하는 것 같지만 사실은
자신의 욕망을 충족시키기 위해서 하는 행위일 경우가 많다.

나와 남이 똑같기를 바라지 마라.
내 마음도 매순간 변하는데
어떻게 남의 마음이 나와 똑같기를 바랄 수 있겠는가?

나에게 축적된 성향이 있다면
상대에게도 축적된 성향이 있다.

각기 다른 축적된 성향이 조화를 이루려면
있는 그대로 알아차려야 한다.

바른 법

바른 법을 모르면 누구나가 투정을 부리는 어린아이와 같다.
바른 법을 알면 내가 없다고 알아서 불만족이 없다.

하지만 내가 있다고 알면
어린아이처럼 항상 투정을 부린다.

어린아이는 본능적으로 자신의 존재만 생각하기 때문에
항상 나는 좋다거나 나는 싫다고 말한다.

어른이 되어서도 자기감정에 사로잡혀
나는 좋다거나 나는 싫다고 한다면
어린아이와 다를 것이 없다.

어른으로 성장했다는 것은 좋거나 싫은 감정을
함부로 드러내지 않고 절제를 하는 것이다.

매사에 나는 좋다거나 나는 싫다고 하면
자기감정만 알고 상대의 감정을 헤아리지 못한 것이다.

바른 법에는 자아가 없다.

그러나 사람들은 자아가 있다고 생각하여
매사에 자아를 강화하는 생각과 행동을 한다.

이러한 자기중심적인 사고를 가진 사람은
정법수행을 하기가 어렵다.
정법도 자아를 가지고 보기 때문이다.

그래서 위빠사나 수행은
스승 없이는 한발도 나아갈 수 없다.

지혜가 있는 자는
스승의 가르침을 받아들이지만

자아가 강하고, 지혜가 없는 자는
가르침을 따르지 않고 자기 견해만 주장한다.

그렇다면 투정을 부리는 어린아이와 같다.

선택

가난해서 고생을 했기 때문에
열심히 노력을 해서 잘사는 사람이 있고,

고생을 했어도 게을러서
가난을 벗어나지 못하는 사람이 있다.

잘 살거나 잘 살지 못하는 것은
남이 결정하는 것이 아니고 자신이 선택한다.

잘살고 못사는 것은 노력을 했는가,
노력을 하지 않았는가가 결정한다.

괴로움 때문에 지혜가 나서
괴로움을 극복하는 사람이 있고,

괴로워서 인생을 포기하거나
자신을 학대하는 사람이 있다.

괴로움을 지혜로 반전시키는 사람은
선한 마음을 가진 사람이고,

괴로움으로 인해 절망에 빠지는 사람은
선하지 못한 마음을 가진 사람이다.

부자가 되어 더 큰 부를 축적하는 사람도 있고
부자가 되었다가 몰락하여 비참해진 사람도 있다.

지위를 얻은 뒤에 더 명예를 얻는 사람도 있지만
지위 때문에 사회적 지탄을 받는 사람도 있다.

어떤 상황이 되었거나
모두 일어나서 사라지는 연속적인 과정만 있다.

우리는 어떤 상황에서나
선택의 기회가 있다.

인간이 선택할 수 있는 폭은
지옥에서 천상과 해탈까지 넓게 열려있다.

과연 무엇이 이것을 결정하는가?
오직 자신의 마음이 결정한다.

느낌과 법

느낌은 특별한 때와
특정한 장소에서만 일어나는 것이 아니다.

살고 있는 동안
매순간 몸과 마음에서 일어난다.

느낌은 몸의 느낌과 마음의 느낌이 있다.

인간이 살면서 대상을 안다는 것은 대상을 느끼는 것이다.
이러한 느낌은 법을 알아차릴 수 있는 매우 좋은 대상이다.

처음에 일어난 느낌을 알아차리지 못하면
행복한 느낌, 불행한 느낌, 덤덤한 느낌으로 바뀐다.

이때도 느낌을 알아차리지 못하면
다시 세 가지의 정신적인 느낌으로 진행된다.

이처럼 느낌은 영원하지 않고 매순간 변한다.
이런 느낌을 통하여 무상의 법을 알 수 있다.

느낌은 매순간 변하는데
이것을 영원한 것으로 알고 집착한다.

이런 집착으로 인해 괴로움이 일어난다.
이런 느낌을 통하여 괴로움의 법을 알 수 있다.

느낌은 나의 의도와 상관없이
일어나고 사라지기 때문에 나의 느낌이 아니며

단지 감각기관이 느끼는 것이다.
이런 느낌을 통하여 무아의 법을 알 수 있다.

느낌은 단지 조건에 의해
일어나고 사라지는 현상일 뿐이다.

수행자는 느낌이 일어났을 때
단지 느낌이 일어난 것을 알아차려야 한다.

느낌을 느낌으로 알아차리면 법을 보는 것이다.

업의 결과물

의도가 있는 마음으로 한 행위를 업이라고 한다.

이것이 생각과 말과 행위라고 하는
신구의身口意 의업三業이다.

이러한 업은 반드시 그에 따른 결과가 있다.

그러나 의도가 없이 일어난 것은
단지 행에 불과하여 업이라고 할 수 없다.

업이 없으면 결과가 없다.

이처럼 의도가 있는 마음은 행위로 이어지며
그 행위로 인해 생긴 결과가 업의 결과물이다.

사람의 몸과 마음도 하나의 업의 결과물이다.
이것을 원인과 결과라고 하며 과보라고 한다.

그러므로 몸과 마음은 어떤 누구에 의해
만들어진 것이 아니고 원인에 의한 결과물이다.

업의 결과물인 몸과 마음은
다시 새로운 원인이 되어 다음 결과를 낳는다.

이것이 우리들의 삶이다.

과거에 만든 조건으로
현재의 몸과 마음이 되었는데

다시 과거의 조건을 되풀이하면
또다시 현재와 같은 몸과 마음이 생겨
괴로움에서 벗어날 길이 없다.

업이 되는 행위를 하지 않으면
업의 결과물인 몸과 마음이 생기지 않는다.

이것이 다시 태어나지 않는 것이다.

이처럼 모든 생명은 자신이 만든 업의 결과물이며
여기에는 어떤 초월적 힘이 개입할 여지가 없다.

능력과 지혜

깨달음이란
특별한 능력을 갖는 것이 아니다.

단지 몸과 마음을 알아차려서 내가 아니고,
나의 소유가 아니라는 무아의 지혜를 얻는 것이다.

무아는 수행자가 이르러야할
궁극의 실재다.

능력은 바라는 마음으로 번뇌를 만들지만
지혜는 바라는 마음이 없어 번뇌를 끊는다.

마음은 있지만 내 마음이 아니고
단지 일어나고 사라지는 조건에 의한 마음이라고 알아야

탐욕과 성냄과 어리석음이란
번뇌로부터 자유로워진다.

만약 내 몸,
내 마음이라고 안다면

자아를 강화하기 위해 업을 생성하므로
영원히 괴로움에서 벗어날 길이 없다.

지혜는 감각적 쾌락이나 극단적인 고행을 하지 않는
중도의 마음을 가질 때만 일어난다.

중도의 마음이 팔정도며
팔정도가 위빠사나 수행이다.

그러므로 위빠사나 수행을 하면
느낌을 원인으로 갈애가 일어나지 않고
느낌을 원인으로 지혜가 일어난다.

수행자는 신비한 능력을 얻으려 하지 말고
오직 통찰지혜를 얻어 모든 번뇌를 종식시켜야 한다.

그러나 세상 사람들은 어리석기 때문에
보이는 능력에는 쉽게 현혹되지만
보이지 않는 지혜에는 관심이 없다.

해탈로 가는 배

위빠사나 수행은 바라지 않고 없애려고 하지도 않고
있는 그대로 알아차리는 수행이다.

그 결과로 고통의 바다를 건너 해탈로 간다.

위빠사나 수행은 피안으로 건너가는 배일 뿐
그 자체가 목적이 아니다.

고통의 바다를 건너가려면 배를 의지할 뿐
배를 집착해서는 안 된다.

수행은 막연하게 생각에 머무는 것이 아니다.
어느 방향으로 어떻게 가는가 하는
실제적인 실천이 있어야 한다.

수행은 말로 하는 것이 아니고
믿음을 가지고 노력하는 실천적 행위가 따라야 한다.

그 행위는 지금 이 순간을
있는 그대로 알아차리는 것부터 실천해야 한다.

위빠사나 수행은
지금까지 경험해보지 않은 새로운 방법이라서

이해하기도 어렵고
실천하기는 더 어렵다.

왜냐하면 지금까지 바라지 않고
없애려고 하지 않는 방법이 있는지
알 수가 없었기 때문이다.

마치 배가 저 스스로의 힘으로 갈 수 없듯이
경험하지 않은 정신세계는
스스로의 힘으로는 갈 수가 없다.

왜냐하면 자신에게 있는 정보는
바라고 없애려고 하는 것밖에 없기 때문이다.

그래서 반드시 스승의 가르침을 받아야 한다.
그리고 경험이 있는 바른 스승을 만나야 한다.

옳은 것

옳은 것을 주장하기 위해서
잘못된 것을 비판하지 마라.

옳은 것을 말하려면
단지 옳은 것을 말하는 것으로 그쳐야 한다.

잘못된 것과 비교하여 옳은 것을 주장한다면
온당한 방법이 아니다.

잘못된 것을 비판하면
상대의 잘못을 꾸짖는 것이 되어 반감을 살 수가 있다.

옳은 것을 받아들이도록 하기 위해서는
잘못된 것도 불가피한 것으로 받아들여야 한다.

옳은 것을 모르는 것이 잘못된 것이고
옳은 것을 알아도 실천하지 못하는 것이 바로 잘못된 것이다.

그러므로 잘못을 확대해서 생각하지 말아야 한다.
그러면 마음이 잘못을 수용하지 않는다.

옳은 것만 있어야 하고
잘못된 것이 있어서는 안 된다고 하면

법을 부정하는 것이라서
극단에 빠지기 쉽다.

옳은 것도 알아차릴 법이고
잘못된 것도 알아차릴 법이다.

법은 무엇이 되었거나 알아차릴 대상이므로
어떤 것이나 있는 그대로 알아차려서 받아들여야 한다.

옳지 않은 것이라고 해도
극단적으로 배격해서는 안 된다.

모두 그렇게 될 만해서 그렇게 된 것이다.

옳지 않은 것이 있기 때문에 옳은 것을 알 수 있다.
그러므로 무엇이나 알아차리면 된다.

바람이 없는 선행

존재하는 것들의 가장 가치 있는 행위는
선한 마음을 갖는 것이다.

인간의 궁극적 목표는
선한 마음을 갖고 선한 행위를 하는 것이다.

선한 행위는 두 가지가 있는데
하나는 바라는 마음으로 하는 선한 행위고
다른 하나는 바라지 않는 마음으로 하는 선한 행위다.

바람이 있는 선한 행위는
바람이 없는 행위보다 가치가 떨어진다.
그러므로 바라는 것이 없을 때만이 완전한 선이다.

모든 바람은 어떤 것이 되었거나
집착을 하기 마련이고

집착을 하면 습관적인 업을 생성하기 때문에
결국에는 좋은 의미조차도 퇴색하고 만다.

바람이 있는 행위는
비록 선한 행위일지라도

새로운 원인을 만든 것이기 때문에
반드시 그에 따른 결과를 받아야 한다.

그러므로 선한 행위 중에서 바람이 없는 행위를 해야
비로소 다시 괴로움이 없는 완전한 선이다.

좋아지기를 바란다면
그 과보로 다시 태어나는 고통을 겪어야 한다.

만약 바라는 것을 얻을 수 없을 때는
반드시 고통이 따르기 마련이다.

그래서 바라는 것이 있는 선은 반쪽짜리 선이고,
바라는 것이 없는 선이 최상의 선이다.

최고의 선만이 자유를 얻는다.

축적된 성향의 개선

삶의 질을 바꾼다는 것이
생각처럼 간단한 일은 아니다.

선하지 못한 마음을
갑자기 선한 마음으로 바꾸기가 어려운 것처럼

오랜 습관을 바꾸는 것은 매우 어려운 일이다.
자신의 습관은 자신의 축적된 성향이다.

축적된 성향은 알 수 없는 세월부터
마음에 저장된 종자로 전해진 것이다.

축적된 성향이 바뀌기를 원한다면
바꾸려는 마음 없이 있는 그대로 알아차려야만 한다.

바뀌기를 바라는 마음이 있는 한
완전한 소멸이 어렵다.

그래서 단지 축적된 성향이
있다고 아는 것으로 그쳐야 한다.

있는 것을 있는 그대로 알아차려야
삶의 질을 바꿀 수 있다.

이런 과정을 거쳐서 조건이 성숙되면
그때부터 차츰 자신의 성향이 개선된다.

그러나 그 시기는 현재가 될지
지금 이후가 될지 다음 생이 될지 누구도 알 수 없다.

오직 지혜가 나는 조건을
얼마나 성숙시켰느냐에 따라 결과가 다르게 나타난다.

무엇을 바꾸려는 탐욕을 가지고서는
아무것도 변화시킬 수가 없다.

바꾸려고 해서 바뀌지 않으면 화를 내는데
이것이 어리석음이다.

그래서 바꾸려는 마음이 있는 한
어리석음은 끝없이 계속된다.

트랙 5

성공과 실패

세간에서는 성공과 실패가 있지만
출세간에서는 성공과 실패가 없다.

세간에서는 성공을 좋아하고 실패를 괴로워한다.
그래서 성공을 위해 잘못을 저지른다.

하지만 출세간에서는 성공과 실패가
단지 알아차릴 대상이며
생멸하는 과정일 뿐이라고 알아 집착하지 않는다.

과연 무엇을 성공하고 무엇을 실패하였는가?

성공을 해서 항상 행복하였으며
그 성공이 영원한 것인가?

실패해서 항상 불행하였으며
그 실패가 영원한 것인가?

성공을 해서 무지로부터 벗어나고
실패해서 영원히 무지로부터 벗어나지 못했는가?

결코 그렇지 않다.
진정한 성공은 어떤 상황에서나
알아차리는 마음이 있을 때다.

진정한 실패는
알아차리는 마음이 없을 때다.

알아차리는 마음이 행복이고
알아차리지 못하는 마음은 불행이다.

아는 마음은 지혜고
모르는 마음은 무지다.

수행자는 성공을 하나의 과정으로 보아야 한다.
아울러 실패도 하나의 과정으로 보아야 한다.

성공과 실패는 있지만
이것을 과정으로 보는 것이 성공이고,
이것을 과정으로 보지 않는 것이 실패다.

몰락沒落과 흥왕興旺

범부의 죽음은 몰락하는 것이다.
몰락은 소득이 없이 죽는 것이다.

살아서 무엇을 이루었다고 해도
그것은 단지 패하여서 사라지는 결과만 있다.

범부의 몰락은 몰락으로 그치지 않는다.
몰락했기 때문에 그 과보를 받아 다시 태어난다.
다시 태어나기 때문에 몰락이다.

성자의 죽음은 흥왕 하는 것이다.
흥왕은 소득을 얻고 죽는 것이다.

죽을 때 몰락하지 않고 흥왕을 하면
과보가 소멸되어 다시 태어나지 않는다.
다시 태어나지 않기 때문에 흥왕 하는 것이다.

죽음은 누구에게나 있는 것이지만
어떻게 죽느냐에 따라 결과가 달라진다.

왜 몰락하는가? 집착했기 때문이다.
집착하면 반드시 집착한 대상으로 인해 몰락한다.

돈에 집착하면 돈 때문에 몰락하고
사랑에 집착하면 사랑 때문에 몰락한다.
종교에 집착해도 종교 때문에 몰락한다.

무엇이나 집착을 하면
있는 그대로의 진실을 보지 못하고 왜곡한다.

왜 흥왕 하는가?
집착하지 않기 때문이다.

집착하지 않고 단지 필요해서 행하면
어떤 그물에도 걸리지 않는다.

이것이 새로운 원인을 만들지 않아
다시 태어남이 없는 성자의 삶이다.

단점과 장점

자신의 단점을 감추려고 하지 마라.
자신의 장점을 뽐내려고도 하지 마라.

자아가 강한 사람은 자신의 단점을 외면하고
장점에 도취되어서 성공할 수 없다.

단점도 알아차리면 장점이 되고
장점도 알아차리지 못하면 단점이 된다.

단점과 장점은
단지 알아차릴 대상이다.

자신의 단점을 감추는 것은
이것이 나의 단점이라고 생각하기 때문이다.

단점은 누구에게나 있다.
또 이것은 나의 단점이 아니고 단지 습관일 뿐이다.

자신의 단점을 자랑할 것도 없지만
그렇다고 숨기려고 할 것도 없다.

단점을 있는 그대로 알아차리면 장점이 된다.

자신의 장점을 뽐내는 것은
나의 장점이라고 생각하기 때문이다.

장점은 누구에게나 있다.
또 이것은 나의 장점이 아니고 단지 습관일 뿐이다.

자신의 장점을 뽐내서도 안 되지만
그렇다고 숨기려고 할 것도 없다.
장점을 있는 그대로 알아차리면 장점이 더 많아진다.

단점과 장점의 기준을
자신이 평가해서는 안 된다.

선하지 못한 사람은
선하지 못한 것을 단점이라고 생각할 수 있다.

그러므로 단점과 장점은
바르게 사는 방법인 팔정도로 평가되어야 한다.

괴로움과 즐거움

괴로움을 피하려고 하지 마라.
괴로움은 원인이 있어서 생긴 결과다.

그 원인은 자신의 무지와 욕망으로부터 시작되었다.

괴로움이 있다고 알아차려서 그대로 받아들이면
이미 괴로움이 아니고 지혜다.

그러나 괴로움을 피하려고 하면
영원히 괴로움에서 벗어날 수 없다.

괴로움을 알아차릴 대상으로 받아들일 때
비로소 괴로움에서 벗어나기 위해 노력 할 수 있다.

괴로움을 자각하지 않으면
향상된 삶을 살기 위해 노력하지 못한다.

괴로움은 단지
지혜를 얻기 위한 과정에서 경험하는 것이다.
괴로움은 일어나고 사라지는 한순간의 느낌이다.

즐거움을 즐기려고 하지 마라.
즐거움은 원인이 있어서 생긴 결과다.

그 원인은 자신의 무지와 욕망으로부터 시작되었다.

즐거움을 단지 대상으로 알아차리면
즐거움에 빠지지 않아 지혜가 생긴다.

그러나 즐거움을 알아차리지 못하면
다시 괴로움에 빠진다.

괴로움과 즐거움은 모두 한순간의 느낌이며
모두 알아차릴 대상이다.

괴로움을 알아차리지 못하면
염세주의자가 되어 스스로를 비참하게 만든다.

즐거움을 알아차리지 못하면
감각적 쾌락에 빠져 괴로워진다.

말

바른 말은 계율을 지키는 행위다.

계율은 스스로를 보호하고 번뇌를 여의게 하여
자신에게 이익을 준다.

아울러 상대를 보호하고
상대의 번뇌를 여의게 하여 이익을 준다.

자신의 감정대로 말을 하면 계율을 어기는 행위이므로
알아차리면서 말을 해야 한다.

말에는 말하려는 의도와, 말하는 행위와,
말한 것에 대한 결과가 있다.
먼저 말하려는 의도를 알아차려야 한다.

만약 알아차리지 못하면 자기 습관대로 말한다.
그러면 구업의 과보를 받아 고통을 겪는다.

알아차림 없이 말하면
차츰 더 심한 말을 하고 싶은 유혹에 빠진다.

말의 의도는
그 말을 하고자 하는 마음 상태다.

이때 좋아하거나 미워하는 마음이 있는지
마음을 알아차려야 한다.

그래서 말을 할 때는
'지금 무슨 마음으로 말하는가?'를 알아차려야 한다.

그러면 바른 마음가짐으로
바른 말을 할 수 있다.

바르지 못한 말의 과보로 참담한 결과가 왔으면
이때는 단지 그 결과를 알아차려야 한다.

이미 지난 일을 후회하는 것은
아무런 도움이 되지 않는다.

이때는 '지금 괴로워하고 있네.'하고
현재 있는 것을 대상으로 알아차려야 한다.

보람 있는 일

사람으로 태어나서
무슨 일을 해야 가장 사람답게 사는 것일까?

누구나 나쁜 일보다는 좋은 일을 하고 싶다.
그러나 이는 생각처럼 쉽게 이루어지는 일이 아니다.

모두 자기가 살아온 습관대로 살기 때문에
새로운 삶을 선택하는 것이 쉽지 않다.

아무 것도 하는 일 없이 살다 죽기보다는
보람된 일을 하고 죽는 것이 좋다.

보람된 일은 선한 일을 하는 것이다.
그 중에 수행을 하는 게 가장 선한 일이다.

이처럼 수행이 좋다고 알아도 실천하지 않는다면
그것은 좋다는 생각에 그친 것이다.

수행자는 욕심을 부리기보다
관용으로 모든 대상을 받아들여야 한다.

자신이나 상대에게 화를 내기보다
자애를 가져야 한다.

욕심을 부리지 않고 관용으로 받아들이고
화를 내지 않아야 어리석지 않다.

이것이 수행이고 지혜다.

태어나면 언젠가는 죽어야 한다.
지금 무엇으로 죽음을 준비하고 있는가?

만약 지금 준비하지 않는다면 현재도 괴롭게 살고
미래에도 괴로움에서 벗어날 길이 없다.

그러나 지금 가장 선한 일인 수행을 하면
현재와 미래가 괴롭지 않다.

알아차릴 대상

괴로움은 불만족이다.
불만족은 누구에게나 항상 따라다닌다.

이런 괴로움은 없애야할 대상이 아니고
알아차릴 대상이다.

괴로움을 알아차릴 대상으로 삼으면
이미 괴로움을 받아들일 준비가 된 것이다.

그러면 이 괴로움은
이미 괴로움이 아니고 지혜다.

누구나 괴로워서 수행을 하고
수행을 하면 지혜를 얻는다.

수행으로 통찰지혜가 나서
번뇌를 여의어야 비로소 평화롭다.

수행자에게 있는 이런 평화가 바로 행복이다.

위빠사나 수행은 대상을 알아차리는 것이며
알아차림을 지속하는 것이다.

대상을 있는 그대로 알아차린다는 것은
탐욕으로 알아차리지 않고, 성냄으로 알아차리지 않고,

어리석음으로 알아차리지 않고,
고정관념을 가지고 알아차리지 않는 것이다.
이런 알아차림에 의해 청정한 마음이 생긴다.

수행은 남에게 인정받기 위해 해서는 안 된다.
오직 자신의 괴로움을 해결하기 위해서 해야 한다.

수행을 하면서 남을 의식하면 바른 수행이 아니다.
이때는 알아차림을 놓친 것이다.

그러므로 수행자는 어떤 상황에서나
자신의 몸과 마음을 알아차려서
내면의 고요함을 얻어야 한다.

자아自我

자아가 강하면 오직 자신을 위해서
생각하고, 말하고, 행동하기 때문에 남을 배려하지 않는다.

자아가 강하면
잘못된 견해를 가지고 살기 때문에

탐욕을 부리며 성냄과 질투를 일삼고
인색하게 살아서 항상 후회를 한다.

모든 번뇌의 원인은
내가 있다고 하는 자아에 있다.

자아가 강한 사람은
모든 기준이 자기중심이라서 인생에서 실패한다.

설령 부귀영화를 얻어도
그 성공이 오래 지속되지 못한다.

그러므로 진정한 성공이 아니다.

이는 자신의 견해만을 고집하여
대상의 성품을 바로 보지 못해서 온 결과다.

자아가 강한 사람은
자신의 고정관념으로 대상을 보기 때문에
실재하는 성품을 보지 못한다.

자아는 가장 깊게 감추어진 무명이다.
그러므로 자아가 강해서 무엇인가를 얻었다면
이것은 이롭지 않고 반드시 해롭다.

해탈의 가장 무서운 적은 자아다.
무지해서 행하는 살생은 지옥에 떨어지는 과보를 받는다.

하지만 때가 되어 수행을 해서 무아를 알면
집착을 끊게 되어 윤회를 벗어날 수 있다.

그러나 자아가 강한 사람은 무아를 알 기회가 없어
영원히 윤회의 사슬에서 벗어나지 못한다.

지식과 지혜

지식은 듣고 읽고 생각해서 얻는다.
지혜는 직접 수행을 해서 얻는다.

누구나 지식을 얻는 과정을 통해 이해를 넓힌 뒤에
마지막에는 수행을 해서 통찰지혜를 얻어야
비로소 완전한 인격이 형성된다.

그러므로 지식의 수준에 머물지 말고
반드시 수행을 해서 지혜를 얻어야 한다.

지식이 있는 곳에는 다툼이 있지만
지혜가 있는 곳에는 다툼이 없다.

지식은 남이 한 말을 기억하거나
철학적인 사유를 하는 것이다.

지혜로 몸과 마음을 대상으로 알아차리는 수행을 하면
집착할 것이 없다는 깨달음을 얻는다.

그래서 지식이 있으면 윤회하지만
지혜가 있으면 윤회를 끊는다.

모름지기 지식의 과정을 거쳐 지혜로 나아가는 것이
가장 고귀한 삶을 사는 것이다.

지식이 지나치면 아만심이 강해지고
지혜가 지나치면 간교해진다.

그러므로 지식에서 지혜로 나아가되
지혜에 머물러서도 안 된다.
그래서 지식이나 지혜가 모두 알아차릴 대상이다.

지혜가 최고라고 하여도 그것은 내 것이 아니며
한 순간의 정신적 현상에 불과하다.

그래서 지혜는 있어도 지혜를 얻은 자는 없다.
이처럼 어떤 것에도 자아가 없다고 아는 것이
최고의 지혜다.

절제

자기감정을 쉽게 드러내는 것은
절제하지 못하는 것이다.

싫어하는 것이 있을 때 싫어한다고 말하지 마라.

싫어하는 것이 있을 때 그것을 알아차리고
다시 싫어하는 마음을 알아차려야 한다.

그리고 가슴에서 두근거리는 느낌을 알아차려야 한다.

그러면 싫어하는 마음으로 인해 생긴
괴로움을 겪지 않는다.

좋아하는 것이 있을 때 좋아한다고 말하지 마라.

좋아하는 것이 있을 때 그것을 알아차리고
다시 좋아하는 마음을 알아차려야 한다.

그리고 가슴에서 두근거리는 느낌을 알아차려야 한다.

그러면 좋아하는 마음으로 인해 생긴
괴로움을 겪지 않는다.

무엇에 대해 싫다거나 좋다고 말하면
자신의 욕망이 드러난다.

어떤 형태의 욕망이든 반드시 집착으로 발전한다.
그래서 자신의 괴로움은 물론이고
자신으로 인해 남도 괴롭힌다.

싫어하지 않고 좋아하지 않고 어떻게 사느냐고 말하지 마라.
그것이 지금까지 당신을 괴롭게 한 요인이다.

싫어하고 좋아하는 마음으로는 대상을
있는 그대로 볼 수가 없기 때문에 고요함을 얻을 수 없다.

그래서 늘 들뜬 마음으로 흥분하면서
괴롭게 살아야 한다.

《 빨리어 강좌 안내 》

한국 명상원에서는 4월 8일부터 매주 금요일 저녁 7시에 빨리어 공부와 경전을 함께 공부하는 빨리어 경전반을 개설합니다. 지도법사는 현재 동국대학교에서 박사과정을 이수하고 계시는 스리랑카의 담마키띠 스님이십니다. 강의는 한국어로 합니다.

빨리어는 붓다께서 사용하신 언어입니다. 붓다께서는 빨리어로 법문을 하셨습니다. 그래서 상좌불교의 경전은 모두 빨리어입니다. 빨리어를 알면 붓다의 가르침을 정확하게 배울 수 있으며 그 가치를 새롭게 인식할 것입니다.

스리랑카는 상좌불교 교학의 나라입니다. 스리랑카에서 공부를 하신 담마키띠 스님을 통하여 붓다의 정통한 가르침을 배울 수 있는 기회를 맞이하시기 바랍니다.

한 달 동안에 3주는 빨리어를 배우고 1주는 경전공부를 할 예정입니다. 빨리어 학습은 누구나 쉽게 배울 수 있으며 진도에 구애받지 않고 단계적으로 진행할 것입니다.

1. **개강일시** : 2011년 4월 8일(금요일) 저녁 7시 - 8시 30분
   (매주 금요일에 열립니다.)
2. **강의방법** : 기초문법책으로 스리랑카 빨리 불교대학의 공식 교재인 붓다닷따의 "The New Pali Course"를 주 텍스트로 삼고 뉴 빨리어 코스의 문법 해설 부분을 한국어의 실정에 맞도록 정리해서 전하며, 연습문제의 풀이를 스스로 하게 함으로 빨리어를 익히게 합니다.

*첫 경전강독은 MN-sabbāsava sutta(모든 번뇌의 경) 으로 합니다.

*주교재 : The New Pali Course - I Ven. P.Buddhadatta

　　　　　MN Majjhima-Nikāya PTS I, II, III

　　　　　(교재는 한국 명상원에서 판매합니다.)

3. 강사 : 담마키띠 스님

　　　　　(스리랑카 콜롬보 승가초등학교 빨리어 강사 역임)

· 2010년 동국대학교 일반대학원 박사과정 4학기(불교학전공)

· 2009년 서울불교대학원대학교 -대학원 석사과정 졸업(불교학전공)

· 2006년 스리랑카 동양 언어협회 승가대학교 졸업

　　　　(전공: 싱할리어, 빨리어, 산스크리트어

　　　　부전공: 초기 남방불교)

　　　　스리랑카 켈레니야대학교 졸업(First- class honours degree)

　　　　(전공: 산스크리트어, 부전공: 빨리어)

· 2002-2005년 스리랑카 콜롬보 승가초등학교 빨리어 강사

· 2000년 스리랑카 랑카 칼리지 고등학교 졸업

　　　　(싱할리어, 빨리어, 산스크리트어)

4. 수강료 : 매월 5만원 (한국명상원 운영회원도 수강료 받습니다.)

　　　　　　　　　　　　　　(사)상좌불교 한국명상원

　　　　　전화 : 02-512-5258. 02-512-5255. fax : 02-512-5856

　　　　　　　　E-mail : sukha5255@hanmail.net

　　　　　　　　http://cafe.daum.net/vipassanacenter

《 법문 안내 》

◆ 매주 화요일 저녁반
— '마음을 알아차리는 수행' 안내

1. 수행일시 : 매주 화요일 저녁 7시~9시 30분(주 1회)
2. 법문 및 위빠사나 수행 : 심념처 법문과 경행, 좌선, 면담
3. 교재 : 『대념처경 주석서』 2권, 3권 (각권 1만5천원)
4. 법문 및 수행지도 : 묘원(한국명상원 원장)
5. 동참금 : 매월 5만원

◆ 매주 목요일 낮반
— '미소 지으며 죽는 법' 법회 안내

1. 수행일시 : 매주 목요일 오후 2시~5시 30분(주 1회)
2. 법문 및 위빠사나 수행 : 12연기 법문과 경행, 좌선, 면담
3. 교재 : 『미소 지으면서 죽는 법』 (값 1만원)
4. 법문 및 수행지도 : 묘원(한국명상원 원장)
5. 동참금 : 20만원

◆ 매주 토요일 저녁반
— '마음을 알아차리는 수행' 안내

1. 수행일시 : 매주 토요일 저녁 6시~9시 30분(주 1회)
2. 법문 및 위빠사나 수행 : 심념처 법문과 경행, 좌선, 면담
3. 교재 : 『대념처경 주석서』 2권, 3권 (각권 1만5천원)
4. 법문 및 수행지도 : 묘원(한국명상원 원장)
5. 동참금 : 매월 5만원

◆ 월요일, 수요일 낮반
― 제24차 위빠사나 수행 기초과정 강좌 안내

1. 수행일시 : 매주 월요일, 수요일 오후 2시~5시 30분(주 2회)
2. 법문 및 수행 : 위빠사나 법문과 경행, 좌선, 면담
3. 교재 : 『사념처 수행』(값 1만원)
4. 법문 및 수행지도 : 이종숙(한국명상원 지도자)

◆ 수요일 저녁반
― '큰 스승의 가르침' 강좌 안내

1. 수행일시 : 매주 수요일 오후 7시~9시 30분(주 1회)
2. 법문 및 수행 : 『큰 스승의 가르침』법문 및 경행, 좌선, 면담
3. 교재 : 『큰 스승의 가르침』(값 1만3천원)
4. 법문 및 수행지도 : 묘원(한국명상원 원장)

※ 위빠사나 수행 기초과정 강좌는 4월 11일 종강합니다.
　　5월 9일부터 제25차 과정이 시작됩니다.
※ 공휴일에는 모든 법문이 쉽니다.
※ 동참금을 아래 계좌로 넣어주시면 수강 신청이 됩니다.
　　국민 096301-04-036021 (사)상좌불교 한국명상원
※ 한국명상원에 매월 5만원 이상을 자동이체(CMS) 하시는
　　운영회원께서는 모든 법문을 무료로 수강하실 수 있습니다.
　　운영회원이 되시면 한국명상원에서 하는 모든 강좌를 무료로
　　수강하실 수 있습니다.

(사)상좌불교 한국명상원
전화 : 02-512-5258. 02-512-5255. fax : 02-512-5856
E-mail : sukha5255@hanmail.net
http://cafe.daum.net/vipassanacenter

◆ 대구 한국명상원
― 『초전법륜경』 법문 및 위빠사나 수행 안내

1. 법회 일시 : 2011년 4월 3일 오후 2시~6시
   　　　　　　　(매월 첫 번째 일요일)
2. 법회 장소 : 대구광역시 북구 대현1동 257-16 맹조빌딩 4F
   　　　　　　　대구 한국명상원 ☎ 010-6620-2332
3. 법문 및 수행 : 『초전법륜경』 법문 후 위빠사나 수행
   　　　　　　　(경행, 좌선)과 면담을 합니다.
4. 교재 : 마하시 사야도의 『초전법륜경』
   　　　　　　(대구 한국명상원에서 자료를 드립니다.)
5. 법회 진행 : 묘원(한국명상원 원장) ☎ 010-9104-3531
6. 동참금 : 2만원

◆ 대구 한국명상원
― 위빠사나 수행 기초반 안내

1. 법회 일시 : 2011년 4월 17일 일요일 오후 2시~5시 30분
   　　　　　　　(매월 세 번째 일요일)
2. 법회 장소 : 대구광역시 북구 대현1동 257-16 맹조빌딩 4F
   　　　　　　　대구 한국명상원 ☎ 010-6620-2332
3. 법문 및 수행 : 사념처 위빠사나 수행의 기초 법문 후
   　　　　　　　위빠사나 수행(경행, 좌선)과 면담
4. 교재 : 붓다의 수행법 사념처 위빠사나
   　　　　　　(대구 한국명상원에 구입)
5. 법회 진행 : 이종숙(한국명상원 지도자) ☎ 010-8873-1915
6. 동참금 : 2만원

◆ 12연기와 위빠사나 경주법회 안내

1. 법회 일시 : 2011년 4월 10일(일요일) 오후 2시~4시

       (매월 두 번째 일요일 1회)

       법회가 끝난 뒤에는 자율적으로 면담을 합니다.

2. 법회 장소 : 경주시 율동 64-4번지 경주 IC 휴게소

       2층 명상홀(054-744-8211)

3. 법회 및 위빠사나 수행 : 12연기 법문, 경행, 좌선, 면담

                        순서로 진행됨

4. 교재 : 『어디서 와서 어디로 가는가』(도서출판 행복한 숲)

       (경주 수행처에서 구입)

5. 부교재 : 『12연기』 1, 2 (도서출판 행복한 숲)

        (경주 수행처에서 구입)

6. 수강료 : 무료

7. 법회 진행 : 묘원(한국명상원 원장) ☎ 010-9104-3531

2011년 4월 수행 시간표

일	월	화	수	목	금	토
					1	2
						토요반 18:00~ 21:30
3	4	5	6	7	8	9
대구법회 14:00~ 18:00	기초반 14:00~ 17:30	화요반 19:00~ 21:30	기초반 14:00~ 수요반 19:00~	목요반 14:00~ 17:30	노블카운티 14:00~ 빨리어반 19:00~	토요반 18:00~ 21:30
10	11	12	13	14	15	16
경주법회 14:00~ 16:00	기초반 14:00~ 17:30	화요반 19:00~ 21:30	수요반 19:00~ 21:30	목요반 14:00~ 17:30	빨리어반 19:00~ 20:30	토요반 18:00~ 21:30
17	18	19	20	21	22	23
대구 기초반 14:00~ 18:00		화요반 19:00~ 21:30	수요반 19:00~ 21:30	목요반 14:00~ 17:30	노블카운티 14:00~ 빨리어반 19:00~	토요반 18:00~ 21:30
24	25	26	27	28	29	30
		화요반 19:00~ 21:30	수요반 19:00~ 21:30	목요반 14:00~ 17:30	빨리어반 19:00~ 20:30	토요반 18:00~ 21:30

《 가평 한국명상원 회원 모집 안내 》

경기도 가평군 설악면 묵안리 '명상마을 행복한 숲'에 '가평 한국명상원 집중 수행처'가 세워집니다. 유명산 자락에 있는 '명상마을 행복한 숲' 부지는 국유림으로 둘러싸여 있어서 매우 친환경적입니다. 앞으로 이곳에서 수행을 하실 회원을 모집합니다.

회원의 종류는 일정 기간 수행을 하시는 회원에서부터 장기간 거주하시면서 수행을 할 수 있는 다양한 선택이 있습니다. 명상마을 행복한 숲은 단지 내에 노인복지시설을 계획하고 있으며, 가까운 설악면에 국제적인 수준의 청심병원이 있어 노후를 보내시기에 좋습니다.

가평 한국명상원에서는 개인수행을 할 수 있으며, 정기적으로 단체 집중수행을 실시합니다. 또 미얀마 수행지도 스님을 초청하여 12연기 법문과 함께 위빠사나 수행을 지도합니다. 쾌적한 환경에서 훌륭하신 스승님을 모시고 열심히 정진하시기를 기원합니다.

1. 보시회원(가입비 100만원) : 보시회원은 집중수행 시 1회에 한하여 무료로 참여하실 수 있습니다. 회원권이 양도되지 않고, 회원가입비가 반환되지 않습니다. 숙소 사용 시에는 식사비를 포함한 소정의 금액을 지불합니다.

2. 일반회원(가입비 500만원) : 일반회원은 1년에 1개월 동안 명상원 숙소를 사용하실 수 있습니다. 회원권이 양도되지 않고, 회원가입비가 반환되지 않습니다. 숙소 사용 시에는 식사비를 포함한 소정의 금액을 지불합니다.

3 수행회원(가입비 1,000만원) : 수행회원은 1년에 3개월 동안 숙소를 사용하실 수 있습니다. 회원권이 양도되지 않고, 회원가입비가 반환되지 않습니다. 숙소 사용 시에는 식사비를 포함한 소정의 금액을 지불합니다.

4. 특별회원(가입비 3,000만원) : 특별회원은 1년에 6개월 동안 숙소를 사용하실 수 있습니다. 회원권이 양도되며, 완공 5년 후에 대기 회원이 있을 경우에 회원가입비가 반환됩니다. 숙소 사용 시에는 식사비를 포함한 소정의 금액을 지불합니다.

5. 평생회원(가입비 5,000만원) : 평생회원은 1년 내내 숙소를 사용하실 수 있습니다. 회원권이 양도되며, 완공 후 5년 후에 대기 회원이 있을 경우에 회원가입비가 반환됩니다. 숙소 사용 시에는 식사비를 포함한 소정의 금액을 지불합니다.

(사)상좌불교 한국명상원

《 가평 명상마을 행복한 숲 분양 안내 》

경기도 가평군 설악면 묵안리에 '가평 명상마을 행복한 숲'과 '사단법인 상좌불교 가평 한국명상원'이 함께 조성됩니다.

현재 가평 명상마을 행복한 숲에 있는 회원 주택지를 분양합니다. 관심이 계신 분들은 사단법인 상좌불교 한국명상원에 문의해 주시기 바랍니다.

▶ 명상마을 안내

* 유명산과 봉미산의 수려한 경관 속에 1만여 평으로 조성되며, 주변은 울창한 잣나무 숲으로 둘러싸여 있습니다.

* 가평 명상마을은 제1차 사업으로 한국명상원과 일부 회원들로 단지가 구성되었습니다. 제2차 사업으로 새로운 회원들과 상가로 조성됩니다.

* 본 명상마을은 서울-춘천 고속도로 설악 IC에서 15분 거리에 있으며, 주위에 유명산, 청평 수상레저타운, 마이더스밸리, 프리스틴밸리 등의 골프장, 천마산 스키장 등 관광문화명소가 있습니다. 설악면에는 청심국제중고등학교, 청심국제병원, 설악중고교, 미원초등학교가 있습니다.

(사)상좌불교 한국명상원

mp3 파일이 필요하신 분은 daum 카페 월간 옹달샘에 오시면 다운 받을 수 있습니다. daum에서 월간 옹달샘을 검색하십시오..(http://cafe.daum.net/ekayano)

지은이 ‖ 묘원

사단법인 상좌불교 한국명상원 원장

오디오북 옹달샘 2011년(통권 제4호)

해탈로 가는 배

2011년 3월 31일 1판 1쇄 인쇄
2011년 3월 31일 1판 1쇄 발행

지은이 묘원
펴낸이 곽준
편집 디자인 행복한 숲 편집부

펴낸곳 (주)도서출판 행복한 숲
출판등록 2004년 2월 10일 제16-3243호
주소 서울시 강남구 논현동 98-12 청호불교문화원 나동 3층 306호
전화 (02)512-5255, 512-5258 팩스 (02)512-5856
E-mail sukha5255@hanmail.net
http://cafe.daum.net/vipassanacenter

ISBN 978-89-93613-21-6 (08220)

ISSN 2233-4556

※ 구독 문의 02-512-5258 (주)도서출판 행복한 숲 ‖ (사)상좌불교 한국명상원
cafe.daum.net/vipassanacenter

행복한 숲에서 펴낸 책 및 CD

큰 스승의 가르침
아신 자띨라 사야도 지음/오원탁 옮김/묘원 주해/13,000원

보니, 거기 세상이 있다
아신 자띨라 사야도 면담집/묘원 편주해/11,000원

아는 마음, 모르는 마음
어느 법학자의 위빠사나 수행기/황영채 지음/9,000원

쉐우민의 스승들(증보판)
우 꼬살라 사야도, 우 떼자니아 사야도 지음/묘원 엮음/15,000원

어디서 와서 어디로 가는가
모곡 사야도 12연기 법문
우 탄다잉 편역/조영미 옮김/묘원 주해/15,000원

12연기와 위빠사나
우 소바나 사야도의 수행법문/묘원 편주해/20,000원

물위에 떠있는 공처럼
묘원 지음/10,000원

위빠사나 수행자의 근기를 돕는 아홉 요인
우 쿤달라 비왐사/김봉이 옮김/묘원 주해/15,000원

알아차림을 확립하는 위빠사나 수행
마하시 사야도 지음/김경화 옮김/13,000원

바라는 것이 없으면 괴로울 일이 없다
묘원지음/옹달샘 글 모음집/문고판/8,000원

와서 보라
묘원 지음/위빠사나 문답집/15,000원

대념처경
알아차림을 확립하는 큰 경/묘원 편역/12,000원

미소 지으며 죽는 법
모곡 사야도 법문집/김춘란 옮김/김일영 그림/10,000원

12연기 1·2
BBS불교방송 불교강좌 녹취록/묘원 법문/15,000원

대념처경 주석서 1·2·3
BBS불교방송 불교강좌 녹취록/묘원 법문/15,000원

한 순간의 진실
오디오북 옹달샘 창간호/묘원/5,000원

지고의 행복
오디오북 옹달샘/묘원/5,000원

깨끗한 행복
오디오북 옹달샘/묘원/5,000원

마음은 늙지 않는다
묘원지음/옹달샘 글 모음집/문고판/8,000원

오래된 미래 성벽도시 앙코르 / 붓다의 나라 미얀마(사진집)
라상호 사진/70,000원

12연기와 위빠사나 법문 CD
대구 12연기 법문 CD/묘원 법문/30,000원

불교방송 법문 묘원법사의 12연기·대념처경 CD
BBS불교방송 불교강좌 CD/묘원 법문/60,000원